अनुभूति

जीवन की गहराइयों में एक सफर

AF106974

वीना चन्देल

BlueRoseONE.com
Stories Matter
NewDelhi • London

BLUEROSE PUBLISHERS
India | U.K.

Copyright © Veena Chandel 2024

All rights reserved by author. No part of this publication may be reproduced, stored in a retrieval system or transmitted in any form or by any means, electronic, mechanical, photocopying, recording or otherwise, without the prior permission of the author. Although every precaution has been taken to verify the accuracy of the information contained herein, the publisher assumes no responsibility for any errors or omissions. No liability is assumed for damages that may result from the use of information contained within.

BlueRose Publishers takes no responsibility for any damages, losses, or liabilities that may arise from the use or misuse of the information, products, or services provided in this publication.

For permissions requests or inquiries regarding this publication, please contact:

BLUEROSE PUBLISHERS
www.BlueRoseONE.com
info@bluerosepublishers.com
+91 8882 898 898
+4407342408967

ISBN: 978-93-5819-713-6

Cover Design: Muskan Sachdeva
Typesetting: Pooja Sharma
Email: chandelmannat@gmail.com/chandelgs@rediffmail.com
Phone: 8170011169

First Edition: September 2024

अस्वीकरण

इस पुस्तक में प्रयुक्त चित्र इंटरनेट से प्राप्त किये गये हैं। हम अनजाने कॉपीराइट उल्लंघन के लिए उत्तरदायी नहीं हैं।

समर्पण

श्री बांके बिहारी जी, वृन्दावन धाम, जिनकी असीम कृपा मेरे परिवार व मेरे उपर सदैव रही है।

आभार

मेरे माता–पिता और मेरा परिवार इस काव्य संकलन के सृजन में मेरे प्रेरणा स्रोत रहे हैं। इस यात्रा में मेरे मित्रों की अहम भूमिका रही है मै इन सभी का हृदय से आभार व्यक्त करती हूं।

वीना चन्देल
ग्रेटर नोएडा
–जून 2024

अनुक्रमणिका

1. आत्मनिर्भर भारत 1
2. वीर नारी तुझे सलाम 3
3. आयी दीवाली आयी 5
4. महिमा नारी की 7
5. स्वाभिमान स्त्री का 9
6. होली का हुड़दंग 11
7. कोरोना 13
8. हिन्दुस्तान हमारा है 15
9. लाक–डाउन– सुख परिवार का 17
10. कैसा था वो साल 2020–दो हजार बीस 19
11. जनसंख्या 21
12. हम और तुम 23
13. याद बचपन की 25
14. ठंड गुलाबी आयी 27
15. सुनहरा दिन कश्मीर का 29
16. मुद्दा कश्मीर का 31
17. देश हुआ भगवा 33
18. भावना आक्रोश की 35
19. जागृति 37
20. कृष्ण लीला 39
21. रिश्ता–सास बहू का 41
22. कारगिल विजय दिवस 43
23. अजीब दास्ताँ है ये 45
24. संघर्ष 47
25. इकसठ 49
26. राम मंदिर 51

आत्मनिर्भर भारत

भारत विकास की ओर तीव्रता से अग्रसर है,
मानव जाति का भविष्य इस पर निर्भर है।
दुनिया के हर क्षेत्र में हमं एक नई पहचान मिल रही है,
लोगो में राष्ट्रीयता की भावना तेजी से पनप रही है।
आज हम सबका एक ही सपना है,
भारत को मजबूत और आत्मनिर्भर बनाना है।

हम इसकी आन बान और शान है,
स्वदेशी ही हमारी सच्ची पहचान है।
पूरी दुनिया को भारत शक्ति से अवगत कराएंगे,
वर्षो से देखे सपनो को साकार कर जाएंगे।
सर्वप्रथम हमें प्रतिभा पलायन को रोकना होगा,
प्रोत्साहित कर काम करने के तरीकों को बदलना होगा।
विज्ञान, तकनीक, कृषि के क्षेत्र में नये अनुसंधान करने होंगे,
शिक्षा और चिकित्सा के क्षेत्र में नये अविष्कार करने होंगे।

कोविड वैक्सीन बनाकर हमने अपनी क्षमता का प्रदर्शन किया है।
दुनिया के सामने एक नया उदाहरण प्रस्तुत किया है,
हमें बाज़ की तरह ऊंची उड़ान भरनी होगी।
ऊपर पंहुच कर पैनी नज़र हर तरफ रखनी होगी,
जीविकोपार्जन के साधनों को निरंतर बढ़ाना होगा।
उत्पादन के दौर में भी सतत प्रयास करना होगा,
राजनीतिक दल भी गम्भीरता से इस पर विचार करें।
संकीर्णता से ऊपर उठकर राष्ट्रहित की ओर आगे बढ़े,
स्वदेशी अपनायें, भारत को मजबूत बनायें,
आओ सब मिलकर, आत्मनिर्भर भारत बनायें
आओ सब मिलकर, आत्मनिर्भर भारत बनायें

वीर नारी तुझे सलाम

यत्र नार्यस्तु पुजयन्ते रमन्ते तत्र देवता।
जहां नारी की पुजा होती है
वहां देवता निवास करते हैं और
जहां वीर नारी की पूजा होती है,
वह स्थान ही देवालय हुआ करतें हैं।

तू ही रचती है सष्टि,
विशाल हृदया अखंड अक्षुण।
सृजन में छुपी है तेरी दृष्टि,
तुम ही श्रद्धा, तुम ही देवी,
तुम ही मानव को जीवन देती।

दुर्गा सी शक्ति है तुझमें, लक्ष्मी सी सरल है,
देश का गौरव है, तु ही शाश्वत सत्य है।
पति को किया देश पर न्यौछावर,
अनेकों चुनौतियों का सामना किया,
हौसलों को सदा बुलंद रखा, हर चक्रव्यूह को पार किया।

पति का अधूरा सपना पूरा करने की ठानी,
आंसुओ को पीछे छुपा अपनी भुमिका पहचानी।
घर की सारी जिम्मेदारियां निभाई तुमने,
मां के साथ—साथ पिता का फर्ज भी पूरा किया तुमने।

बच्चो को अच्छी देने का निश्चय किया,
धीरे—धीरे उनको पिता की राह पर चलना सिखा दिया।
कल तक तुम अबला थी, आज निर्भय हो,
दुनिया के सामने नई मिसाल हो,
तुम प्रतिभाशाली हो, अदम्य क्षमता है।

सरस्वती का ज्ञान है, गजब का आत्मविश्वास है,
जरूरत है तो बस जागरूक होने की।
पतिमाओं को पहचान कर उन्हें उजागर करने की,
तुम मे से अनेक सेना में आकर सेना की शान बन गई है,
और भी उनका अनुसरण करें प्रेरणास्रोत बन गई है।

ए वीर नारियों उठों आगे बढ़ो,
तुम्हारी अपनी एक खास पहचान है।
कामयाबी तुम्हारे कदम चूमें ऐसा तुम्हे वरदान है,
सेना और समस्त देशवासियों को तुम पर अभिमान है।

आयी दीवाली आयी

विजयी हुआ सत्य, असत्य पर, प्रकाश जीता अंधकार पर
शुभ और लाभ ने दे दी दस्तक, लक्ष्मी जी सबके घर आयी,
आयी दीवाली आयी।

लंका का है दहन हो गया, रावण का भी अन्त हो गया,
रामचन्द जी की जय–जय हो रही, खबर अयोध्या आयी,
आयी दीवाली आयी।

फूलो की बहार है आ गयी, रंगोली की बहार है आ गयी,
घर–बाहर सब दमक रहे हं, कंडीलों ने धूम मचाई,
आयी दीवाली आयी।

रसगुल्लों का हल्ला हो गया, लड्डुओं की भीड़ है आयी,
बालूशाही के ठाठ हो गये, सोन पापड़ी भी टिक नहीं पायी,
आयी दीवाली आयी।

बाजारों की रौनक छट रही, आन–लाईन शापिंग भारी पड़ रही,
दो गज दूरी, मास्क जरूरी, भूल न जाना मेरे भाई,
आयी दीवाली आयी।

बिहार में फिर से कमल खिल गया, भा.ज.पा ने धूम मचाई,
दियो में फिर तेल भर गया, चोखा लिट्टी रंग है लायी,
आयी दिवाली आयी।

लक्ष्मी–गणेश है, घर–घर आये, वन्दन वार से घर सज गये,
धन–तेरस, गोवर्धन पूजा, भाई–दूज है खुशियां लाई।
आयी दिवाली आयी।

दीयों से त्यौहार मनाओ, आतिशबाजी घर मत लाओ,
वातावरण स्वच्छ रखने का सन्देश है लायी,
आयी दोवाली आयी।
आयी दोवाली आयी।

महिमा नारी की

ईश्वर का वरदान है नारी, खूब बनाई है ये रचना,
फुरसत स है इसे बनाया, नारी का है रूप धराया।

पथ्वी पर अवतरित हुयी जब, अलग–अलग है रूप बनाया,
कभी पार्वती के रूप में आयी, सरस्वती का रूप धर लिया,
लक्ष्मी बन के घर में आयी, घर को मालामाल कर दिया।

गांधारी ने आजीवन पट्टी आंख पर बांधी,
कैकयी ने युद्ध में दशरथ की जान बचा दी,
सीता ने दे अग्नि परीक्षा, उच्च नारी चरित्र दर्शाया।

सत्यवान को सावित्री का हठ वापस ले आया,
यशोदा बनी ममता की मूरत, रूक्मिणी ने त्याग का रूप दिखाया,
राक्षसों के बीच भी मंदोदरी सद्गुणों को नहीं छोड़ पायी,
वहीं होलिका ने खुद जल प्रहलाद को बचाया।

बेगम हजरत महल ने की अवध की रक्षा,
अहिल्या ने सामाजिक विकास का मार्ग दर्शाया,
लक्ष्मीबाई मर्दानी ने शत्रुओं को नाको चने चबवाया,
रूढिवादी मान्यताओं को दी चुनौती।

हर क्षेत्र में अपना हुनर आजमाया,
अहम योगदान दिया देश की उन्नति में,
स्वतंत्रता संग्राम में अपना परचम लहराया,
कौन कहता है कि नारी कमज़ोर है
उसके हाथों मे तो घर चलाने की डोर है।

सदा सम्मान करना नारियो का, इन के बल पर ही जग चलता है,
पुरूष भी तो जन्म लेकर इन्हीं की गोद में पलता है।
इतिहास साक्षी है इनके त्याग और तपस्या का,
अनेकों उदाहरण प्रस्तुत किये है,
खेलों के क्षेत्र मे भी कीर्तिमान स्थापित किये है।
नारी शक्ति है, सम्मान है, गौरव है, अभिमान है,
नारी ने रचा ये सारा विधान है,
नारी को हमारा शत–शत प्रणाम है।

स्वाभिमान स्त्री का

कैसी अद्भुत है ये रचना, स्वाभिमान है इसका गहना,
कितने गुण हैं अंदर रखे, उसने ही है इसको पहना,
मां, बेटी तो कभी बहू, पत्नी बन, इसे धारण किया।

जीवन में एक नये आयाम को तय किया,
घर की राजकुमारी जब ससुराल गई,
तो कभी प्यार मिला, कभी तानो की बौछार हुई।
दो घरा के बीच झूलती रह गई, तख्ती पर नाम तक नहीं,
उसी घर को संभालती रह गई।

दिन की रोशनी, ख्वाबों को बनाने में लगा दी,
रातो की नींद बच्चा को सुलाने में लगा दी।
पूरी जिन्दगी अपनी अभिलाषाओं को दबाती रही,
फिर भी दो–दो घरों को स्वर्ग बनाती रही।

मां ने कहा पराया धन है, सासू ने कहा पराये घर से आई है, उसका अपना क्या है, उसकी पहचान की कैसी लड़ाई है।

स्वाभिमान से जीने का बीड़ा उसने उठाया है,
धरती शर्म से पानी हुई, पाताल भी थर्राया है।
स्त्री के स्वाभिमान को कभी ठेस मत पहुंचाना,
वही जगत की जननी है, एसा सब ने है माना।
शत्रु का संहार करने वाली दुर्गा वही है,
विद्या का दान देने वाली वही सरस्वती है।
लक्ष्मी के रूप में घर–घर में उसकी प्रतीक्षा होती है।

वही स्त्री का रूप धर, हर घर को संवारती है।
स्त्री हर परिवार का अभिन्न अंग है,
उसमें भी अभिलाषाओं की एक तरंग है।
प्रत्येक पुरूष उसके आत्मसम्मान की रक्षा करें
उसे उसकी वास्तविक पहचान दिलाने की पहल करें।
ये स्वाभिमान, अभिमान नहीं है, उसकी पहचान का फरमान नहीं है,
शीश उठाकर चलें स्त्रियां,
इससे बढ़कर मान नहीं है।
इससे बढ़कर मान नहीं है।

होली का हुड़दंग

होली का हुड़दंग मचा है, आओ मिलकर खेल होली,
भेदभाव को दूर छोड़कर, गले मिले हम सब हमजोली।
ढोल-मजीरा खूब बजावें, सब मिल झूमे नाचे गायें
खाएं गुजियां सेब अनरसे, फाग मनाओ आई होली।

जली होलिका, प्रहलाद बचाए, हिरनाकुश को जला दिया,
दहन करो अब सभी बुराई, ऐसी अद्भुत जल गई होली,
आओ मिलकर खेलें होली।

टेसू का है रंग भी महका, पिचकारी में भरकर चहका,
लाल-गुलाबी, नीले-पीले, रंगो को ले आई होली।
काजी और बड़ा अब आये, आकर सबका मन ललचावे,
भांग का गिलास लगा जब मुख से, ठंडाई ले आई होली
आओ मिलकर खेलें होली।

कौन हो तुम और कौन हूं मै, होली में हम सब है भूले,
नफरत की दीवारें तोड़े, सारे नाते लगे भले।
प्यारा-प्यारा रंग भरा है, गुब्बारे ले आई होली।
आओ मिलकर खेलें होली।

रंगो का कोई नाम नहीं है, हम सब अब रंगरेज बने है।
केसर, अबीर, गुलाल सभी है, धूम मनाओं आई होली।
तन-मन आज सभी रंग ला, बस जीवन रंगने आई होली।
टेसू, गेंदा और गुलाबी, जग महकाने आई होली।
होली का हुड़दंग मचा है,
आओ मिलकर खेलें होली।

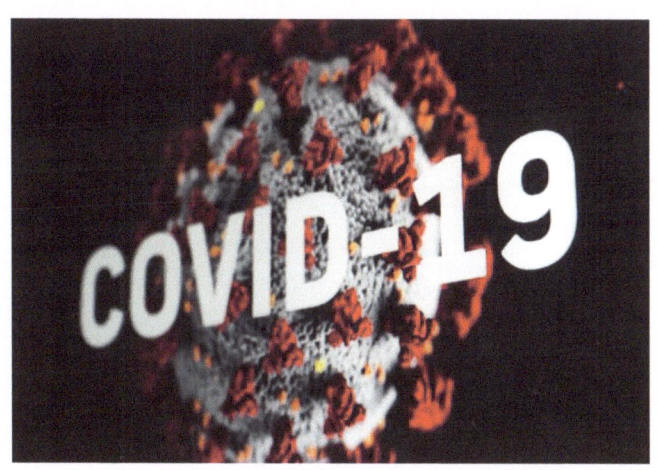

कोरोना

कोरोना आया, कोरोना आया,
वैश्विक आपदा बनकर सबको डराया,
भारत भी इससे अछूता न रह सका,
इसके फैलते पंखो से अपने को न बचा सका।
विदेशी सामान खरीदकर कितने खुश होते थे,
रोजमर्रा की अपनी जरूरते पूरी करते थे,
इस बार वायरस चकव्यूह बन कर आया है।

हमने हर आपदा को चुनौती समझा है
अबकी बार पतंग की तरह पेच उलझा है।
इसको फैलने से हमें रोकना होगा,
उड़ने से पहले ही डोर को तोड़ना होगा।
घर में रहकर, घर से ही काम करो,
स्वेच्छा से बन्दिशों का पूरी तरह पालन करो।

जीवन की आपाधापी से आराम मिल जाएगा,
परिवार के साथ समागम का अनुपम सुख मिल जाएगा।
ये बड़ा स्वाभिमानी है, जब तक आप लेने नहीं जाएंगे,
ये आप के घर नहीं आएगा।

सरकार ने इसके लिये अनेक उचित कदम उठाये हैं,
स्थिति नियंत्रण में रहे, अनेक उपाय कराए हैं।
चिकित्सा क्षेत्र और कोरोना सेनानियों के प्रति हम नतमस्तक हैं,
उनकी कर्मठता के हम सभी कायल है।
ये एक ऐसी जंग है, जिसमे हर नागरिक सिपाही है,
इसको हराने की मैने कसम खाई है।
जिम्मेदारी को संकल्प और संयम से निभाना है,
कोरोना एक चुनौती है, हम सब ने इसे हराना है।

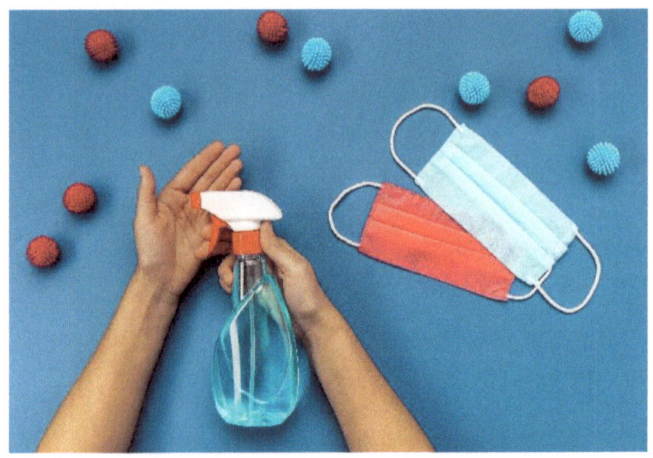

हिन्दुस्तान हमारा है

विश्व में परचम लहराया, ऐसा हिन्दुस्तान हमारा,
सेना इसकी है सर्वोत्तम, सैनिक इसका सबसे न्यारा,
सब देशो से मधुर संबंध बनाना हमने है चाहा,
कभी मित्रता, कभी शत्रुता, दोनो का ही स्वाद है पाया,
कभी पाक तो कभी चीन से धोखा हमने है पाया,
नेपाल भी अब भ्रमित हो गया, ड्रैगन ने जब जाल बिछाया।

इधर चीनी वायरस ने विश्व में हाहाकार मचाया,
उधर लददाख में अपना अड़ियल रूख अपनाया,
हम संधियों का पालन पूरी सच्चाई से करते रहे,
पीठ पिछे चीनी सैनिक नित नये षडयंत्र रचते रहे।
स्थिति नियंत्रण में आये, वार्ताएं हो रही थी,
उनके मंसूबे कुछ और थे, दगाबाजी की कोशिशे चल रही थी।बस
गोली नहीं चली पत्थर, डंडे, सरिये सब इस्तेमाल हो गये।
सोची–समझी साजिश में अनेको सैनिक हताहत हो गये।

आज हमने धरती के अनेको लाल खोये है,
आंखों के नूर अपने परिवारों से दूर हो गये हैं।
वीर बिहार योद्धाओं ने डटकर शत्रुओं का सामना किया,
'कर्म ही धर्म' को पूरी तरह से चरितार्थ किया।
तुमने तो हमे छल से मारा, हमने तुम्हे नाको चने चबवाएं हैं।

मातृभूमि की रक्षा हर हाल में करेंगे, इसका सबूत हम तुम्हे दे आये है,
सस्ते चीनी सामान पर हम इतना आश्रित हो गये कि,
चीनी अर्थव्यवस्था के मजबूत स्तम्भ बन गये।
चीनी उत्पाद का बहिष्कार दृढ़ता से करना होगा,
स्वदेशी अपनाने का दृढ़ निश्चय अब हमको करना होगा।
शूरवीरों का बलिदान व्यर्थ नहीं जायेगा,
गलवान भारत का हिस्सा है, उस पर हमेशा तिरंगा ही लहराएगा ।

जय हिन्द।

लाक-डाउन- सुख परिवार का

साल 2 हजार 20 आया, खुशिया हजार लाया,
सबके लिए नये–नये सपने संजो लाया।
सब खुश थे कि किसी की बूरी नजर लग गयी,
कोरोना की खबर से, हम सबकी नींद उड़ गयी।

विदेश यात्राओं से लोग वापस आते रहे,
अपने साथ वायरस का नया तोहफा लाते रहे।
एक के बाद दूसरे, इस तरह अनेक राज्यों में यह फैलने लगा।
धीरे–धीरे अपनो शिकंजा लोगो पर कसने लगा,
स्थिति को देख, प्रधानमंत्री ने लाक–डाउन घोषित कर दिया।
बाहर निकलना और एक–दूसरे से मिलना, सब बन्द कर दिया।

शुरू में सब अटपटा लग रहा था,
कैसे काम चलेगा, मन उद्धिग्न हो रहा था।
घर पर रह कर घर से ही काम करने लगे,
गरीबों के प्रति दया भाव, उनकी भी मदद करने लगे।
घर पर रह कर काम कितना अच्छा चल रहा है,
समस्त परिवार के साथ रहने का यादगार समय मिल रहा है।

पिज्जा, बरगर, पास्ता सब बन्द हो गया है,
प्यार से बने घर के बने खाने का स्वाद कुछ और हो गया है।
प्राकृतिक सौन्दर्य के प्रति अचानक प्रेम जाग उठा,
पति और पत्नी के बीच प्यार का नया बीज उगा।
कभी लूडो, कभी ताश तो कभी गाना गुनगुनाते है,
एक–दुसरे के साथ काम करने का आनंद उठाते हैं।
पहले से अधिक स्वस्थ हो गये हम, अनेक दवाईयों से मुक्त हो गये है।
कितना समय मिल रहा है परिवार के साथ,
अभी शादी हुई थी, लगती है कल ही की बात।
पुरानी एल्बम देख जिन्दगी के पन्ने पलट गये,
एक दूसरे के साथ बिताये पल फिर से हमसे लिपट गये।
कहां खो गये थे, क्या कर रहे थे, लाक–डाउन में बस यादे समेट रहे थे।

जय हिन्द।

कैसा था वो साल २०२०-दो हजार बीस

कोरोना का वायरस आया, सब में हाहाकार मचाया,
दुनिया अब बनी घनचक्कर, चीन चल गया अपनी चाल।
कैसा था वो साल।

सेनेटाइजर का दौर है आया, बार–बार हाथों को धुलाया,
हैंडिल टोटी साफ करें सब, साबुन हो गया मालामाल।
कैसा था वो साल।

होटल रेस्त्रा बन्द हो गये, मालो के भी होश उड़ गये,
पीज्जा बर्गर भूल गये सब, घर की खा रहे रोटी दाल।
कैसा था वो साल।

कम्पनियां भी बन्द हो गई, नौकरियों पे मार है कर गई,
घर की ओर पलायन कर गये, मजदूरों के हाल बेहाल।
कैसा था वो साल।

लाक डाउन में बन्द हो गये, पैसे से भी मन्द हो गये,
अर्थव्यवस्था बिगड़ गई अब, पीछे हो गई बीसो साल।
कैसा था वो साल।

अस्पतालों में बेड है भर गये, कालेज, होटल सेन्टर बन गये,
नर्स डाक्टर पाजीटीव हो रहे, केस बढ़ रहे दिन और रात।
कैसा था वो साल।

कुरता चोली बन्द हो गये, प्लाजो पैन्ट भी चंद हो गये,
टेलर सारे मास्क सिले अब, बन गया है जी का जंजाल।
कैसा था वो साल।

स्कूल कालेज में छुटटी हो गयी, इम्तहानों की वाट सी लग गयी,
इतनी जल्दी उबर न पाये, लग जायेंगे सालो साल।
कैसा था वो साल।

खत्म हो गयी रौनक शादी, फिक्स हो गये पचास बराती,
किसे बुलाए छोड़े किसको, घर वाले सोचे सौ बार।
कैसा था वो साल।

भूकम्प साइक्लोन सब हैं आये, आकर सब का दिल दहलाएं,
सभी आपदा सिर पर आयी, पानी, बिजली बन गये काल।
कैसा था वो साल।

गलवान, पैंगाक्सो में आकमक बन कर, ड्रैगन ने वहां टैन्ट कसा अब,
नक्शा अपना बदल–बदल कर, दोस्ती भूला है नेपाल।
कैसा था वो साल।

आत्मनिर्भर हम आज बने, सब दो गज दूरी मास्क पहन कर,
मिलकर सारी जंग लड़े हम, मिलकर जीते संकट काल।
कैसा था वो साल।

जनसंख्या

जनसंख्या वरदान भी, अभिशाप भी,
सही अनुपात तो वरदान, अन्यथा अभिशाप।
आपरेशन थियेटर का दरवाजा खुला,
सिस्टर बाहर निकली, मुस्कराई,
धीरे से बोली लड़की हुई है,
सास बोली, अगली बार लड़का जरूर होगा,
जो हमारे खानदान का नाम रोशन करेगा।

लड़के की चाह जनसंख्या के आंकड़े बढ़ा रही है,
जितने ज्यादा हाथ उतनी कमाई की सोच को फैला रही है।
अशिक्षा के कारण आंकड़े ज्यादा बढ़ रहे है,
धर्म के नाम पर तो अनेको बच्च पैदा हो रहे है।

कई वर्ष पहले इस विषय में सराहनीय कार्य हुआ था,
किसी कारणवश बहुत सफल नहीं हुआ था।
जरूरत है आज हम सबको अपनी जिम्मेदारी समझने की,
आवश्यकता है युवा वर्ग को शिक्षा और कौशल से आगे बढ़ने की।

सरकार को जनसंख्या नियंत्रण के बारे मे गम्भीरता से सोचना होगा,
स्वास्थ्य व शिक्षा के क्षेत्र में बढ़—चढ़ कर काम करना होगा।
ये ऐसा मुद्दा है जो देश की आर्थिक प्रगति को प्रभावित कर रहा है,
साथ ही साथ देश की सर्वांगीण उन्नति में रोड़ा अटका रहा है।

आज हम सबको नींद से जागना होगा,
जनसंख्या नियंत्रण के लिए सख्त कानून बनाना होगा।
जरूरत है पूरे समाज को शिक्षित करने की,
कम बच्चे अधिक फायदे एसा फार्मूला लाने की

हाल ही मे संसद ने नागरिकता संशोधन कानून पास किया है,
उन्नति की ओर एक सकारत्मक कदम आगे लिया है।
सरकार के पिछले फैसले से ही हमारी उम्मीद जागी है,
बस अब जनसंख्या नियंत्रण पर सख्त कानून आना अभी बाकी है।

हम और तुम

हम होंगे साथ–साथ हर दिन हर पल,
मन में है विश्वास ऐसा है विश्वास,
बंध गये हैं, हम एक अदृश्य बंधन में,
दो गुलाब जैसे महके हो आंगन में,
दुनिया बड़ी हसीन लगने लगी है,
जुड़ गए हैं एक दूसरे के भाग्य
मन मे है विश्वास, ऐसा है विश्वास।
सुख के क्षण हों या हो दुख का घेरा,
चाहे हो लाख मुसीबतों का डेरा
परिस्थितिया चाहें सरल हो या कठिन,
चलेंगे पकड़कर एक–दूसरे का हाथ,
मन मे है विश्वास, ऐसा है विश्वास।

दूर होने पर भी मन करीब रहता है,
भावनाओं की नदीं में किलोले मार लेता है,
एक–दूसरे को पाकर संपूर्ण हो गए है,
जैसे हजारो सदियों से हो हमारा साथ
मन में है विश्वास, ऐसा है विश्वास।

बिना एक–दूसरे के अधूरे हो जाते हैं,
अनकहे सवालों का जवाब बन जाते है,
रह न पायेंगे एक दूसरे से अलग,
रहेंगे हम सात जन्मों तक साथ,
मन मे है विश्वास, ऐसा है विश्वास,
हम होंगे साथ–साथ हर दिन हर पल,
मन मे है विश्वास, ऐसा है विश्वास।

यादें बचपन की

नानी कहती एक कहानी, एक था राजा एक थी रानी,
बदल गये बचपन के किस्से, भूल गये सभ्यता पुरानी,
नानी कहती एक कहानी।

शिक्षा का रूप है बदला, बिखर गयी संस्कार की माला,
समीकरण सब बदल गये है, बीत गयी है अब बात पुरानी,
नानी कहती एक कहानी।

तख्ती, कलम हम भूल रहे है, महंगे पेन फल-फूला रहे हैं
सुंदर लेख सुलेख नहीं है, भूल गये हम स्लेट पुरानी,
नानी कहती एक कहानी।

पिट्ठू, स्टापू खत्म हो गये, कम्प्यूटर में बन्द हो गये,
खो-खो, किकेट, हम सब भूले, कागज़ की वो नाव पुरानी,
नानी कहती एक कहानी।

खत्म हो गयी दूध-मलाई, पीजा, बर्गर जन्म ले गये,
भूल गये हम चुस्की, कम्पर, बेरों की वो बात पुरानी,
नानी कहती एक कहानी।

भूल गये हम गांव की गलियां, बाजारों के रूप बदल गये,
मालो में हम मस्त हो गये, मेलों की थी बात पुरानी,
नानी कहती एक कहानी।

नवयुग में हम सब झूल रहे हैं, गीत पुराने भूल रहे हैं,
बदल गये परिवेश प्रीत के, बची न उनकी कोई निशानी
नानी कहती एक कहानी, एक था राजा एक थी रानी।

ठंड गुलाबी आयी

गर्मी से मिल गई है राहत, मौसम ने ली अंगड़ाई,
पूरी आस्तीन बाहर निकली, पायजामें की अब बन आयी।
ठंड गुलाबी आयी।

ए.सी. सारे बन्द हो गये, पंखे भी अब धीमे हो गये,
सर्द हवा ने दे दी दस्तक, मोटी चादर बाहर आयी
ठंड गुलाबी आयी।

छूट सेल की, बाढ़ सी आ गयी, शापिंग में भी होड़ सी लग गयी,
त्योहारों की लड़ी लगी तो, बाज़ारों में रौनक आयी
ठंड गुलाबी आयी।

दिवाली में चले पटाखे, फिर जल गयी पराली,
सांस भी लेना दूभर हो गया, धुंध की चादर छाई,
ठंड गुलाबी आयी।

सर्दी, खांसी लौट के आयी, वायरल से दुनिया घबरायो,
अस्पतालो में लगी है लाईन, डाक्टरों की अब है बन आयी,
ठंड गुलाबी आयी।

'आड–इवन' अब फिर से आया, सबकी आशा जागी,
आसमान अब साफ हो गया, सूरज ने रोशनी दिखाई
ठंड गुलाबी आयी।

गेंदा, डेलिया, गुलाब हैं महके,सूरजमुखी ने बांग लगाई,
अयोध्या में अब कमल खिला है, पूरी बगिया है महकाई,
ठंड गुलाबी आयी।

गज़क, रेवड़ी बन–ठन बैठो, पालक, बथुआ, सरसो आयी,
मक्का रोटी साग छा गया, ताजे गुड़ की खुशबू आयी,
ठंड गुलाबी आयी।

देव हमारे सो कर उठ गये, शादी के मौसम अब आ गये,
सर्दी–गर्मी की अब जंग छिड़ी है, जीत गई फिर भी ठंडाई,
ठंड गुलाबी आयी।

सुनहरा दिन कश्मीर का

सब स्तब्ध थे, अटकले लगा रहे थे,
मोडिया भी शंका में था, बस अंदाजा लगा रहे थे।
कुछ होने वाला है, पता लग गया सबको,
पर होगा क्या, समझ न आया किसी को।

सोमवार, पांच अगस्त 2019 को हुयी कुछ ऐसी बात,
अचम्भित रह गये सब, जो कुछ हुआ इतने साल बाद।
370 खत्म हो गया, 35 ए भी चला गया,
कश्मीर के लिये आया सुनहरा दिन, इतिहास नया रचा गया।
सरकार के इस फैसले का सब ने किया स्वागत,
भरपूर हुई प्रशंसा, सब हो गये गदगद।
भारत के लिये, बहुत बड़ा दिन है आया,
इतना बड़ा फैसला पहले क्यों न कोई कर पाया।

छप्पन इंच का सीना, अब और चौड़ा हो गया है,
दुनिया देखती रह गयी, आज वचन सत्य हो गया है।
धीरे—धीरे वहां सब सामान्य हो रहा है,
पंडितो की वापसी की उम्मीद जगा रहा है।

अब कश्मीर देश के साथ सही मायने में एकीकृत हो जाएगा,
तो व्यपार भी दिन ब दिन उन्नति की ओर बढ़ जायेगा।
केन्द्र शासित प्रदेश बन गया, अब चुनौतियां हैं सामने खड़ी,
सेनाओं में है अदम्य साहस, इसके लिये अनेकों लड़ाइयां हैं लड़ी।

इस अडिग फैसले के साथ शत्रु भी झुक जाएंगे,
आतंकवाद का होगा खात्मा, कश्मीर को पाक साफ बनाएंगें।
राजनीतिज्ञ सब हार गये, अलगाववाद की राजनीति न कर पाऐंगे,
सामने आयी हर चुनौती का सामना हम दृढता से कर जाऐंगे।

आज ये कहावत, वास्तव में सार्थक हुयी है,
अमीर खुसरो ने यह बात सच ही कही है कि,
जमीं पर अगर, कहीं स्वर्ग है तो यहीं है, यहीं है, यहीं है।

मुद्दा कश्मीर का

कहा जाता है कि जमीं पर अगर,
कहीं स्वर्ग है ता यहीं है, यहीं है, यहीं है।
कितनी सार्थक है ये बात,
अनेको अरमान जुड़े हैं इसके साथ।

डल झील में जैसे शिकारों का बाजार है,
इसका दिल निशात और शालीमार है।
चश्मेशाही ने तो सदा हकीम का काम किया है,
वहीं 'ट्यूलिप गार्डन' ने सबको अपनी ओर आकर्षित किया है।

जहां पीर बाबा जाकर सूकून मिलता है,
वहीं बाबा अमरनाथ में विश्वास बसता है।
दूर–दराज से लोग इसकी सुन्दरता देखने आते है,
यहां की वादियों से मीठी यादें लेकर जाते हैं।

मौका देख, दुश्मन धर्म की आड़ में जाल बिछाने लगा,
आतंकी संगठनों को भेज इसे खोखला बनाने लगा।
हिन्दुओं का पलायन आज भी रोंगटे खड़े कर देता है,
वीरान पड़े उनके घरों की पीड़ा बयां कर देता है।

सब तरह का व्यपार प्रभावित होने लगा,
आम जीवन जीना भी दूभर होने लगा।
नित नई समस्याएं जन्म लेने लगी,
इसकी सुंदरता पर कलंक बनने लगी।

साल दर साल बीत गए इस समस्या से जूझते हुये,
राजनीति के इस भंवर से बाहर निकलते हुये।
धीरे–धीरे ये बीमारी नासूर बन गई और,
इसमें अनेकों लालों की बलि चढ़ गई।

ये कैसा मुद्दा है, जो सुलझाने में आता नहीं,
या इसे कोई सुलझाना चाहता नही।
आपसी बैर और धर्म की लड़ाई खत्म हो अब,
राजनीति से दूर रहकर इसका निदान हो अब।

सरकार और जनमानस को अथक प्रयास करना होगा,
अनुच्छेद 370 के बारे में सोचना होगा।
मध्यस्थता की आवश्यकता पड़ने नहीं देंगे,
अपने बलबूते पर ही ये लड़ाई जीतेंगे।

जल्द ही कश्मीर में अच्छे दिन आएंगे,
दुश्मन भारत शक्ति का लोहा अवश्य मानेंगे।
विश्व में तिरंगा सदा ऊँचा रहेगा,
कश्मीर हमारा था, हमारा है और हमेशा हमारा ही रहेगा।

देश हुआ भगवा

हृदय में सबके विश्वास है जगाया,
दिलो को जीत कर अपना है बनाया,

आज विजयरथ पर चढ़ा,
दीपो से प्रजव्वलित हुआ,
देश भगवा हुआ।

सबको अस्तित्व का एहसास है कराया,
अनेकानेक विकासशील योजनाओ को है चलाया,
उन्नति की ओर अग्रसर है,

इत्र सा महक उठा,
देश भगवा हुआ।

गांव–गांव सुविधाएं मिली,
शहर–शहर चर्चाएं चली,
जीवन सुखमय बना,
व्यक्ति भ्रममुक्त हुआ,
देश भगवा हुआ।

बिना शर्त, बिना भेदभाव रास्ता है बनाया,
जनता को जागरूक कर आत्मदर्शन है कराया,
जाति और धर्म से मुक्त,
कमल सा खिला हुआ,
देश भगवा हुआ।

शत्रु भी सभी लोहा मानने लगे,
धनुर्धर पड़ोसी भी मित्र अब बनने लगे,
विश्व में फहराया तिरंगा,
देश में जय–जयकार हुआ,
देश भगवा हुआ।

महागठबंधन भी सब ध्वस्त हो गये,
बड़–बड़े दिग्गज भी चक्रव्युह में फँस गये,
पांडव आज बजा रहे विजय का डंका,
केसरिया गुलाल हुआ,
देश भगवा हुआ।
देश भगवा हुआ।

भावना आक्रोश की

और नहीं अब और नहीं,
अन्याय नहीं अब सहना है।
दुश्मन की छाती पर चढ़कर,
रक्तपान अब करना है,
दूध पिलाया बहुत प्यार से
पाल पोस कर बड़ा किया,
फिर भी काटा उसने हमको
फन से उसे कुचलना है
और नहीं अब और नहीं,
अन्याय नहीं अब सहना है।
राम नाम का जन्म हुआ है,
रावण की अब खैर नही,
लंका पूरी भस्म करूं,
हनुमान मुझे अब बनना है,
और नहीं अब और नहीं,
अन्याय नहीं अब सहना है।
पल—पल हमने धोखे खाए,

वार्ताओं पर पानी फिर जाये,
शत्रु, कितना भी झुठलाए,
विश्वास नहीं अब करना है,
और नहीं अब और नहीं,
अन्याय नहीं अब सहना है।
पानी सिर के ऊपर आया,
हठधर्मी की हद पार हुई,
धैर्य हमारा टूट गया,
कुछ कर के ही दम अब लेना है,
और नहीं अब और नहीं,
अन्याय नहीं अब सहना है।
पत्थर बाजों को सबक सिखाओ,
घर के भेदी को पहचानों,
हर सैनिक अर्जुन बन जाए,
महाभारत फिर से लिखना है,
और नहीं अब और नहीं,
अन्याय नहीं अब सहना है।
दुश्मन की छाती पर चढ़कर,
रक्तपान अब करना है।

जागृति

जागो देशवासियों जागो,
जागो देशवासियों जागो,
कश्मीर की अखंडता का उठाओ बीड़ा,
सब देश हित में आगे आओ,
जागो देशवासियों जागो।
आपस में लड़ना तुम छोड़ो,
मत दंगे फसाद फैलाओ,
हर एक बच्चे को सदा
मानवता का पाठ पढ़ाओ
जागो देशवासियों जागो।
लोकतंत्र की समझो मर्यादा,
ओंछी राजनीति से रहो परे तुम,

शत्रु के आगे कभी झुको मत,
उनको ताकत अपनी दिखलाओ,
जागो देशवासियों जागो।
जब मां को पड़े जरूरत,
आ सीमा पर डट जाओ,
दुश्मन का करो सामना डटकर,
सब मिल कर कदम बढ़ाओं,
जागो देशवासियों जागो।
लक्ष्मीबाई, भगत सिंह बन कर,
करो देश की रक्षा,
शत्रु भले हो बलशाली,
उस पर भारी पड़ जाओ,
जागो देशवासियों जागो।
कश्मीर हमारा अभिन्न है हिस्सा,
इसे शाश्वत सत्य बनाओ,
इसे आतंकवाद से मुक्त करो,
तुम अभिनन्दन बन जाओ,
जागो देशवासियों जागो।
कश्मीर की अखंडता का उठाओ बीड़ा,
सब देश हित में आगे आओ।

कृष्ण लीला

विष्णु का अवतार, जो विश्व का संचालक है,
अधर्म नाशक, धर्म की रक्षा करने में तत्पर है।

देवकी का लाल, यशोदा का दुलारा है,
गोकुल का कन्हैया, गोपियों का प्यारा है।

दाउ संग बीता बचपन, नन्द को बाबा बुलाया,
छ्प–छुप कर मटकी फोड़ी, ग्वालों संग माखन चुराया।

सिर पर मुकुट, होठो पर बंशी विराजती है,
नित नयी शोभा देख, गोपियां भी लजाती है।

गाय चराने जाते, तो कभी राधा संग रास रचाते,
कालिया नाग को नथा, तो कभी गोपियों को रिझाते।

प्तना को मारा, तो कभी माता को ब्रह्माण्ड दिखाया,
जब विपदा आन पड़ी, उंगली पर गोवर्धन को उठाया।

किया कंस का वध, मथुरा में शान्ति लायी,
की सुख की बरसात, वहां दुध की नदियां बहायी।

अर्जुन संग मित्रता की, पांडवो को राह दिखायी,
पार्थ का सारथी बन, युद्ध में विजय दिलायी।

महाभारत में अर्जुन को गीता का उपदेश दिया,
कर्मयोगी बनने का युग को संदेश दिया।

तुम अच्युत हो, केशव हो, तुम ही बांके बिहारी हो,
तुम ही परमब्रह्म हो, तुम ही पालन हारी हो।

चाहती हूं तेरे दर्शन कर धन्य हो जाऊँ,
तेरी हर लीला को नयनों में बसाऊँ।

हर क्षण मुखारविन्द से तेरा गुणगान गाऊँ,
तेरे चरणों में समर्पित ये तन, मन, धन कर जाऊँ,
तेरे चरणों में समर्पित ये तन, मन, धन कर जाऊँ।

रिश्ता–सास बहू का

सास–बहू ये रिश्ता बड़ा नाजुक होता है,
दुनिया की नजरों में एक साजिश होता है,
खट्टा–मीठा होता है ये रिश्ता।

सास–बहू का अनोखा है ये किस्सा,
सास जब तक चार बात न सुना ले,
तो उन्हें बदहजमी हो जाए,
बहू जब तक बात काट न दे,
उसे अच्छी नींद न आए।
तू–तू मैं–मैं में बसती इनकी ताल,
पापा–बेटे भी फंस जाते, बिछाती हैं जब ये जाल,
ये सब दिनचर्या का हिस्सा बन जाता है,
धीरे–धीरे आपस में कड़वाहट भर जाता है।

कालान्तर में एक–दूसरे के अघोषित दुश्मन बन जाते है,
एक–दूसरे को नीचा दिखाने की युक्ति सोचने में व्यस्त हो जाते है।

कभी सास की झिड़की, बहू का कुंठित होना,
जानबूझकर एक-दूसरे पर अपनी इच्छा थोप देना,
कभी प्यार मुनहार, तो कभी मनमुटाव हो जाना,
तो कभी एक-दूसरे की बीमारी में परेशान हो जाना,
कहीं न कहीं इस रिश्ते में प्यार अवश्य झलकता है,
बस प्यार की भावना व्यक्त करने में सकुचता है।

बहू पराये घर से आयी है, तो सास की अधिक जिम्मेदारी है,
बहू को बेटी बना ले, इसी में उनकी समझदारी है।
बहू सास को मां समझे, सुख-दुख बांटना सीखे,
कड़वाहट को आने न दे, प्यार बांटने की तरकीब सीखे।

आम धारणा को झुठला दे, समझदारी से काम करें,
आपस में मन मिलने दें, प्यार की बरसात करें।
इस अनोखे रिश्ते में गुड़ सी मिठास घोल दें,
दुनिया के सामने एक नयी मिसाल खोल दे।
सास-बहू एक-दूसरे के पूरक हो जायें,
हर सास मां बन जाये, हर बहू बेटी हो जाये।

कारगिल विजय दिवस

दुश्मनों के हौसले तोड़कर आया है,
लहू वतन के शहीदों का आज रंग लाया है।
वीर जवानों की बहादुरी पर गूंज रहा था सारा देश,
वही भगत थे, राजगुरू थे और वही थे सुखदेव,
लाखों में एक है हमारा हर वीर जवान,
तिरंगे की खातिर जीते है न जाने कितने निशान,
शत्रु को परास्त कर कारगिल पर विजय पायी,
जिसकी बहादुरी ने देश की आन—बान और शान बढ़ायी।
हर एक लाल पर देश नाज करता है,
ऐसे सपूत देश में जन्में ऐसी कामना करता है,
इतिहास इनकी वीरता का सदैव साक्षी है।
स्वर्णिम अक्षरों में हर वीर का नाम अंकित है।
जब तक ऐसे सपूत देश में जन्म लेते रहेंगे,
दुश्मन के नापाक इरादों को नस्तनाबूद करते रहेंगे,
हम देश की बागडोर ऐसे सपूतों के हाथ में सौंपते रहेंगे।

अजीब दास्ताँ है ये

बीती हुयी रात की सुनाती हूं कहानी,
वो था कलियों का बचपन फूलों की जवानी,
हर शाम सुहानी थी स्नेहिल था सवेरा,
हर शख्स वहां खुश था मदहोश नज़ारा,
कोई चाय बनाता तो मेरी भी बनाना,
प्याली के साथ रस्क और अखबार भी लाना,
चुल्हे पे अम्मा मक्की की रोटी है बनाती,
खाते हमको देख वो फूली न समाती,
शाम में दोस्तो का वो छुपना-छुपाना।
रात में पापा का इंग्लिश पढ़ाना,
गांव में या घर में बिटिया की हो शादी,
आवाभगत ऐसी खुश हो जाये बाराती।
पापा का घन्टा पहले स्टेशन ले जाना,
प्रतीक्षालय में हम सबका सामान्य ज्ञान बढ़ाना।
त्योहारों में घर मेला हुआ करता,
जमकर सहेलियों का हुल्लड़ हुआ करता।
छुट्टी में नानी और दादी के घर जाना,
फुरसत के पलों में गानों की महफिल को सजाना।
इस बार जब मां से मिली मां याद दिला गयी,
बीती हुयी हर बात बस बरसात बन गयी,
जब मां ने कहा बेटा वो वक्त लौट आया,

तुम सबकी हंसी फिर से इस घर में गूंज जाये,
सुन कर के बात वो मैं हतप्रभ सी रह गयी,
एक आंसू बहा आंख से जा मां से लिपट गयी।
कुछ साल का ही बीच में होगा ये रास्ता,
सफर पीढ़ी दर पीढ़ी का अजीब है ये दास्ताँ
सफर पीढ़ी दर पीढ़ी का अजीब है ये दास्ताँ।

संघर्ष

कल मेरी संघर्ष से मुलाकात हो गयी,
कौन हो तुम, यहा कैसे,
अनेकों प्रश्नों की बौछार हो गयी।
बचपन में तो सुना ही न था ये शब्द,
कब ताना—बाना बुन लिया इसने बेवक्त,
कभी किसी ने परिचय भी न कराया था।
पता नहीं ये कभी मेरे समीप भी आया था,
आज ये मेरा इतना अजीज हो गया कि
बहरूपिया बन मेरे सामने आ गया।
इतने इम्तहान तो स्कूल में भी नहीं दिये थे,
जितने इसने छोटी सी जिन्दगी ने ले लिये थे।
क्या मैंने इसकी ज्यादा आवाभगत कर दी ?
इसके सामने अपनी खुशियों की किताब खोल कर रख दी।
गहराई में जाकर इसके बारे में बहुत सोचा,
घर के बड़ों से भी इसका आकार पूछा,
पता चला बरसों से इससे सब ही का रिश्ता है।

बिन बुलाये मेहमान की तरह चला आता है।
हमने पूछा क्या आपने देखा है इसे ?
बोले दिखता ही कब है।
हौंसलो के आगे टिकता ही कब है।
इसके पैर में तो चक्कर है,
आज यहां तो कल कहीं और।
सच पूछो तो बहुत घुमक्कड़ है।
रखो हौसले बुलन्द तो हार मान जाता है,
सीख लो इसके साथ जीना,
संघर्ष से हमारा जन्म—जन्मान्तर का नाता है
संघर्ष से हमारा जन्म—जन्मान्तर का नाता है।

इकसठ

बचपन का अल्हड़पन, जवानी का जज्बा,
उम्र का ये पड़ाव हरदम जोश से भरा,
धीरे–धीरे एक–एक दहलीज को पार कर गये,
हम इकसठ के हो गये।

जीवन के उतार–चढ़ाव को कभी न होने दिया हावी।
नित नये अनुभव ज्ञान की कुंजी,
हर चुनौती को सहजता से ले गये,
हम इकसठ के हो गये।

सुख और दुःख का चक्र यं ही चलता रहा,
कितने नये मिले और कितनो ने साथ छोड़ा,
खून के रिश्ते और गहरे हो गये,
हम इकसठ के हो गये।

दुनिया की चकाचौंध से रहे बेखबर,
जिम्मेदारियों को हमने जिया जी भरकर,
उलझने अगर हुयी जलेबी की तरह टेढ़ी,
उनको भी चाशनी में डुबोकर खाते चले गये,
हम इकसठ के हो गये।

पति हर कदम पर मेरे साथ चलते रहे,
मन्नत–पार्थ जीवन में खुशियां भरते गये,
रेहांश में हम बेहद मस्त–मगन हो गये,
हम इकसठ के हो गये।

रिटायर हुये सोचा अब वक्त मिलेगा,
पहले से और भी अधिक व्यस्त हो गये,
दोस्त बढ़ते चले गये और हम रि–अटायर हो गये
हम इकसठ के हो गये।

दोस्ता के साथ जन्मदिन, गुब्बारे, केक और क्राउन,
मन मे जैसे खुशी के तार बज गये,
61 को उल्टा किया,
हम 16 के हो गये।

राम मंदिर

कभी मंदिर को तोड़ा, तो कभी मस्जिद को तोड़ दिया,
कभी ईश्वर, तो कभी अल्लाह पर वार किया।
इतिहास गवाह है, यहाँ अवशेषों में राम बसते हैं,
कभी यहाँ रामराज्य था, ऐसा हमारे शास्त्र कहते हैं।
रामजनम से ही यह नगरी पावन हुई,
उनके वनवास जाने के साथ ही वीरान हुई,
' कनक भवन ' कैकयी ने सीताजी को मुँह दिखाई मे दिया
' सीता रसोई ' में सीता ने भोजन बनाने की रसम को पूरा किया
यहीं धोबी के कहने पर राम ने सीता की अग्नि परीक्षा ली
गुप्तार धाट गवाह है राम ने यहीं जलसमाधि ली,
' हनुमानगढी ' में विराजकर पवन पुत्र ने अयोध्या की रक्षा की है।
शिल्पकारों ने वर्षों मेहनत कर निर्माण सामग्री तैयार की है।
मंदिर सदा राजनीति का बड़ा मुद्दा रहा है।
हर चुनाव में यह विवाद उठता रहा है।
बहस होते–होते जंग छिड़ जाती,
चुनाव समाप्त होते ही जंग रूक जाती ।
बीते समय में सरकार ने अनेक साहसिक निर्णय लिये है।
भारत की अखंडता बनाये रखने के लिये अनेक कठिन फैसले किये है।
जब आपसी सहमति का प्रयास असफल रहा,
तो उम्मीद की किरण सर्वोच्च न्यायालय था।
जिस पर सबको आस्था और विष्वास था।

निर्णय ऐसा आया जो ठोस सबूतों पर आधारित था।
22 जनवरी 2024 देश के लिये बहुत बड़ा दिन है,
राम लला की प्राण प्रतिष्ठा सबके लिये अकल्पनीय है।
उस दिन अयोध्या दीपों से जगमगायेगा
वर्षो से देखा सपना साकार हो जायेगा,
हम सब मिल कर गांधी जी के वचनो का मनन करें।

" रधुपति–राघव राजा राम, पतित पावन सीता–राम,
ईश्वर–अल्लाह तेरो नाम सबको सनमत दे भगवान "।

www.ingramcontent.com/pod-product-compliance
Lightning Source LLC
LaVergne TN
LVHW070938070526
838199LV00035B/652
* 9 7 8 9 3 5 8 1 9 7 1 3 6 *